Meine

Arbeitskollegen

:Johanna Miller

Mein Name ist

Ich wohne:

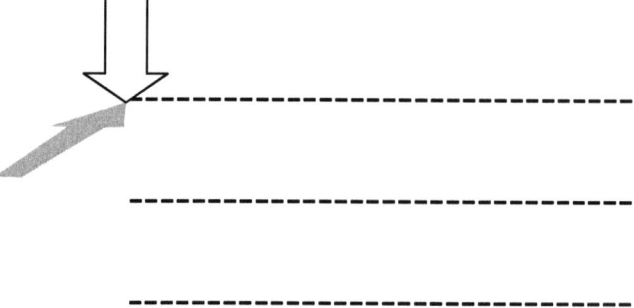

Heutiges Datum

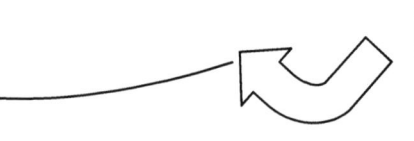

Beim Finden des Buches

bitte an diese Person zurückgeben:

Mein Foto

Vielen Dank, dass du dir die Zeit nimmst, in mein Kollegenbuch zu schreiben.

So werde ich immer eine Erinnerung an dich haben, auch wenn wir in Zukunft einmal eventuell unterschiedliche berufliche Wege einschlagen werden.

Du hast 4 Seiten zur Verfügung. Bitte verziere die Seiten, wenn dir danach ist. Über ein Erinnerungsfoto freue ich mich sehr.

Dein Name ist: :heutiges Datum

:UNSER AKTUELLER ARBEITGEBER

Wann ist dein Geburtstag:

:WAS TRINKST DU AM ARBEITSPLATZ

(VIELLEICHT DAS EIN ODER ANDERE ZU WENIG ODER ZU VIEL?)

( ) **TEE**

( ) **KAFFEE**

( ) **WASSER**

( ) **SONSTIGES**

Hast du... Kinder: ...Tiere:

:IN WELCHER ABTEILUNG ARBEITEST DU

Klebe hier ein Bild von dir oder von uns beiden ein. Hast du kein Bild, werde ich während der Arbeit heimlich eines von dir machen und es einkleben:

Seit wann bist du in dieser Firma:

:Was hast du davor gemacht?

Seit wann kennen wir uns:

:Wie haben wir uns kennengelernt?

Wie war dein erster Eindruck von mir:

:Was machst du gerne im Privatleben

Lieblings-

Wochentag: _____

Reiseziel: _____

Musik o. Buch: _____

Pausenvertreib: _____

Was sagt dir an deinem Job am besten zu:

◎

Ich bevorzuge:

(bitte Zutreffendes markieren)

Mehr Geld   Mehr Freizeit

Treppe   Fahrstuhl

Früh aufstehen und früh Feierabend

vs.

Länger schlafen und länger arbeiten

Arbeit im   Arbeiten in

sitzen   Bewegung

:verrate mir ein Geheimnis

Was gibst du mir mit auf den weiten Weg des Berufslebens:

Dein Name ist: :heutiges Datum

:UNSER AKTUELLER ARBEITGEBER

Wann ist dein Geburtstag:

:WAS TRINKST DU AM ARBEITSPLATZ

(VIELLEICHT DAS EIN ODER ANDERE ZU WENIG ODER ZU VIEL?)

◯ **TEE**

◯ **KAFFEE**

◯ **WASSER**

◯ **SONSTIGES**

Hast du... Kinder: (...Tiere:
                                      (
                                      (
                                      (

:IN WELCHER ABTEILUNG ARBEITEST DU

Klebe hier ein Bild von dir oder von uns beiden ein. Hast du kein Bild, werde ich während der Arbeit heimlich eines von dir machen und es einkleben:

Seit wann bist du in dieser Firma:

:Was hast du davor gemacht?

Seit wann kennen wir uns:

:Wie haben wir uns kennengelernt?

Wie war dein erster Eindruck von mir:

:Was machst du gerne im Privatleben

Lieblings-

Wochentag: _____

Reiseziel: _____

Musik o. Buch: _____

Pausenvertreib: _____

Was sagt dir an deinem Job am besten zu:

◎

Ich bevorzuge:

(bitte Zutreffendes markieren)

Mehr Geld   **Mehr Freizeit**

Treppe   Fahrstuhl

Früh aufstehen und früh Feierabend

vs.

Länger schlafen und länger arbeiten

Arbeit im   Arbeiten in

sitzen   Bewegung

:verrate mir ein Geheimnis

Was gibst du mir mit auf den weiten Weg des Berufslebens:

Dein Name ist: :heutiges Datum

:Unser aktueller Arbeitgeber

Wann ist dein Geburtstag:

:Was trinkst du am Arbeitsplatz

(Vielleicht das ein oder andere zu wenig oder zu viel?)

◯ **Tee** _____

◯ **Kaffee** _____

◯ **Wasser** _____

◯ **Sonstiges** _____

Hast du... Kinder: (...Tiere:
(
(
(

:In welcher Abteilung arbeitest du

Klebe hier ein Bild von dir oder von uns beiden ein. Hast du kein Bild, werde ich während der Arbeit heimlich eines von dir machen und es einkleben:

Seit wann bist du in dieser Firma:

:Was hast du davor gemacht?

Seit wann kennen wir uns:

:Wie haben wir uns kennengelernt?

Wie war dein erster Eindruck von mir:

:Was machst du gerne im Privatleben

Lieblings-

Wochentag: _____

Reiseziel: _____

Musik o. Buch: _____

Pausenvertreib: _____

Was sagt dir an deinem Job am besten zu:

◎

Ich bevorzuge:

(bitte Zutreffendes markieren)

Mehr Geld   **Mehr Freizeit**

Treppe   Fahrstuhl

Früh aufstehen und früh Feierabend

vs.

Länger schlafen und länger arbeiten

Arbeit im   Arbeiten in

sitzen   Bewegung

:verrate mir ein Geheimnis

Was gibst du mir mit auf den weiten Weg des Berufslebens:

Dein Name ist: :heutiges Datum

:UNSER AKTUELLER ARBEITGEBER

Wann ist dein Geburtstag:

:WAS TRINKST DU AM ARBEITSPLATZ

(VIELLEICHT DAS EIN ODER ANDERE ZU WENIG ODER ZU VIEL?)

◯ **TEE**

◯ **KAFFEE**

◯ **WASSER**

◯ **SONSTIGES**

Hast du... Kinder: ...Tiere:

:IN WELCHER ABTEILUNG ARBEITEST DU

Klebe hier ein Bild von dir oder von uns beiden ein. Hast du kein Bild, werde ich während der Arbeit heimlich eines von dir machen und es einkleben:

Seit wann bist du in dieser Firma:

:Was hast du davor gemacht?

Seit wann kennen wir uns:

:Wie haben wir uns kennengelernt?

Wie war dein erster Eindruck von mir:

:Was machst du gerne im Privatleben

Lieblings-

Wochentag: _____

Reiseziel: _____

Musik o. Buch: _____

Pausenvertreib: _____

Was sagt dir an deinem Job am besten zu:

◎

Ich bevorzuge:

(bitte Zutreffendes markieren)

Mehr Geld   **Mehr Freizeit**

Treppe   Fahrstuhl

Früh aufstehen und früh Feierabend

vs.

Länger schlafen und länger arbeiten

Arbeit im   Arbeiten in

sitzen   Bewegung

:verrate mir ein Geheimnis

Was gibst du mir mit auf den weiten Weg des Berufslebens:

Dein Name ist: :heutiges Datum

:Unser aktueller Arbeitgeber

Wann ist dein Geburtstag:

:Was trinkst du am Arbeitsplatz

(VIELLEICHT DAS EIN ODER ANDERE ZU WENIG ODER ZU VIEL?)

◯ **TEE** _____

◯ **KAFFEE** _____

◯ **WASSER** _____

◯ **SONSTIGES** _____

Hast du... Kinder: ...Tiere:

:In welcher Abteilung arbeitest du

Klebe hier ein Bild von dir oder von uns beiden ein. Hast du kein Bild, werde ich während der Arbeit heimlich eines von dir machen und es einkleben:

Seit wann bist du in dieser Firma:

:Was hast du davor gemacht?

Seit wann kennen wir uns:

:Wie haben wir uns kennengelernt?

Wie war dein erster Eindruck von mir:

:Was machst du gerne im Privatleben

Lieblings-

Wochentag: _____

Reiseziel: _____

Musik o. Buch: _____

Pausenvertreib: _____

Was sagt dir an deinem Job am besten zu:

◎

Ich bevorzuge:

(bitte Zutreffendes markieren)

Mehr Geld   Mehr Freizeit

Treppe   Fahrstuhl

Früh aufstehen und früh Feierabend

vs.

Länger schlafen und länger arbeiten

Arbeit im   Arbeiten in

sitzen   Bewegung

:verrate mir ein Geheimnis

Was gibst du mir mit auf den weiten Weg des Berufslebens:

Dein Name ist: :heutiges Datum

:UNSER AKTUELLER ARBEITGEBER

Wann ist dein Geburtstag:

:WAS TRINKST DU AM ARBEITSPLATZ

(VIELLEICHT DAS EIN ODER ANDERE ZU WENIG ODER ZU VIEL?)

◯ **TEE** _____

◯ **KAFFEE** _____

◯ **WASSER** _____

◯ **SONSTIGES** _____

Hast du... Kinder: ...Tiere:

:IN WELCHER ABTEILUNG ARBEITEST DU

Klebe hier ein Bild von dir oder von uns beiden ein. Hast du kein Bild, werde ich während der Arbeit heimlich eines von dir machen und es einkleben:

Seit wann bist du in dieser Firma:

:Was hast du davor gemacht?

Seit wann kennen wir uns:

:Wie haben wir uns kennengelernt?

Wie war dein erster Eindruck von mir:

:Was machst du gerne im Privatleben

Lieblings-

Wochentag: _____

Reiseziel: _____

Musik o. Buch: _____

Pausenvertreib: _____

Was sagt dir an deinem Job am besten zu:

◎

Ich bevorzuge:

(bitte Zutreffendes markieren)

Mehr Geld   Mehr Freizeit

Treppe   Fahrstuhl

Früh aufstehen und früh Feierabend

vs.

Länger schlafen und länger arbeiten

Arbeit im   Arbeiten in

sitzen   Bewegung

:verrate mir ein Geheimnis

Was gibst du mir mit auf den weiten Weg des Berufslebens:

Dein Name Ist: :heutiges Datum

:UNSER AKTUELLER ARBEITGEBER

Wann Ist dein Geburtstag:

:WAS TRINKST DU AM ARBEITSPLATZ

(VIELLEICHT DAS EIN ODER ANDERE ZU WENIG ODER ZU VIEL?)

◯ **TEE**   _____

◯ **KAFFEE**   _____

◯ **WASSER**   _____

◯ **SONSTIGES**   _____

Hast du... Kinder: {   ...Tiere:
                                {
                                {
                                {
                                {

:IN WELCHER ABTEILUNG ARBEITEST DU

Klebe hier ein Bild von dir oder von uns beiden ein. Hast du kein Bild, werde ich während der Arbeit heimlich eines von dir machen und es einkleben:

Seit wann bist du in dieser Firma:

:Was hast du davor gemacht?

Seit wann kennen wir uns:

:Wie haben wir uns kennengelernt?

Wie war dein erster Eindruck von mir:

:Was machst du gerne im Privatleben

Lieblings-

Wochentag: _____

Reiseziel: _____

Musik o. Buch: _____

Pausenvertreib: _____

Was sagt dir an deinem Job am besten zu:

Ich bevorzuge:

(bitte Zutreffendes markieren)

Mehr Geld   **Mehr Freizeit**

Treppe   Fahrstuhl

Früh aufstehen und früh Feierabend

vs.

Länger schlafen und länger arbeiten

Arbeit im   Arbeiten in

sitzen   Bewegung

:verrate mir ein Geheimnis

Was gibst du mir mit auf den weiten Weg des Berufslebens:

Dein Name ist: :heutiges Datum

:UNSER AKTUELLER ARBEITGEBER

Wann ist dein Geburtstag:

:WAS TRINKST DU AM ARBEITSPLATZ

(VIELLEICHT DAS EIN ODER ANDERE ZU WENIG ODER ZU VIEL?)

◯ **TEE** _____

◯ **KAFFEE** _____

◯ **WASSER** _____

◯ **SONSTIGES** _____

Hast du... Kinder: ...Tiere:

:IN WELCHER ABTEILUNG ARBEITEST DU

Klebe hier ein Bild von dir oder von uns beiden ein. Hast du kein Bild, werde ich während der Arbeit heimlich eines von dir machen und es einkleben:

Seit wann bist du in dieser Firma:

:Was hast du davor gemacht?

Seit wann kennen wir uns:

:Wie haben wir uns kennengelernt?

Wie war dein erster Eindruck von mir:

:Was machst du gerne im Privatleben

Lieblings-

Wochentag: _____

Reiseziel: _____

Musik o. Buch: _____

Pausenvertreib: _____

Was sagt dir an deinem Job am besten zu:

Ich bevorzuge:

(bitte Zutreffendes markieren)

Mehr Geld   **Mehr Freizeit**

Treppe   Fahrstuhl

Früh aufstehen und früh Feierabend

vs.

Länger schlafen und länger arbeiten

Arbeit im   Arbeiten in

sitzen   Bewegung

:verrate mir ein Geheimnis

Was gibst du mir mit auf den weiten Weg des Berufslebens:

Dein Name ist: :heutiges Datum

:UNSER AKTUELLER ARBEITGEBER

Wann ist dein Geburtstag:

:WAS TRINKST DU AM ARBEITSPLATZ

(VIELLEICHT DAS EIN ODER ANDERE ZU WENIG ODER ZU VIEL?)

◯ **TEE** _____

◯ **KAFFEE** _____

◯ **WASSER** _____

◯ **SONSTIGES** _____

Hast du... Kinder: ...Tiere:

:IN WELCHER ABTEILUNG ARBEITEST DU

Klebe hier ein Bild von dir oder von uns beiden ein. Hast du kein Bild, werde ich während der Arbeit heimlich eines von dir machen und es einkleben:

Seit wann bist du in dieser Firma:

:Was hast du davor gemacht?

Seit wann kennen wir uns:

:Wie haben wir uns kennengelernt?

Wie war dein erster Eindruck von mir:

:Was machst du gerne im Privatleben

Lieblings-

Wochentag: _____

Reiseziel: _____

Musik o. Buch: _____

Pausenvertreib: _____

Was sagt dir an deinem Job am besten zu:

:Ist dein Job auch dein Traumjob?

◎

Ich bevorzuge:

(bitte Zutreffendes markieren)

Mehr Geld   **Mehr Freizeit**

Treppe   Fahrstuhl

Früh aufstehen und früh Feierabend

vs.

Länger schlafen und länger arbeiten

Arbeit im   Arbeiten in

sitzen   Bewegung

:verrate mir ein Geheimnis

Was gibst du mir mit auf den weiten Weg des Berufslebens:

Dein Name ist: :heutiges Datum

:Unser aktueller Arbeitgeber

Wann ist dein Geburtstag:

:Was trinkst du am Arbeitsplatz

(Vielleicht das ein oder andere zu wenig oder zu viel.?)

◯ **Tee** _____

◯ **Kaffee** _____

◯ **Wasser** _____

◯ **Sonstiges** _____

Hast du... Kinder: ...Tiere:

:In welcher Abteilung arbeitest du

Klebe hier ein Bild von dir oder von uns beiden ein. Hast du kein Bild, werde ich während der Arbeit heimlich eines von dir machen und es einkleben:

Seit wann bist du in dieser Firma:

:Was hast du davor gemacht?

Seit wann kennen wir uns:

:Wie haben wir uns kennengelernt?

Wie war dein erster Eindruck von mir:

:Was machst du gerne im Privatleben

Lieblings-

Wochentag: —————————————————————

Reiseziel: —————————————————————

Musik o. Buch: —————————————————————

Pausenvertreib: —————————————————————

Was sagt dir an deinem Job am besten zu:

◎

Ich bevorzuge:

(bitte Zutreffendes markieren)

Mehr Geld   Mehr Freizeit

Treppe   Fahrstuhl

Früh aufstehen und früh Feierabend

vs.

Länger schlafen und länger arbeiten

Arbeit im   Arbeiten in

sitzen   Bewegung

:verrate mir ein Geheimnis

Was gibst du mir mit auf den weiten Weg des Berufslebens:

Dein Name Ist: :heutiges Datum

:UNSER AKTUELLER ARBEITGEBER

Wann Ist dein Geburtstag:

:WAS TRINKST DU AM ARBEITSPLATZ

(VIELLEICHT DAS EIN ODER ANDERE ZU WENIG ODER ZU VIEL?)

◯ **TEE** _____

◯ **KAFFEE** _____

◯ **WASSER** _____

◯ **SONSTIGES** _____

Hast du... Kinder: ...Tiere:

:IN WELCHER ABTEILUNG ARBEITEST DU

Klebe hier ein Bild von dir oder von uns beiden ein. Hast du kein Bild, werde ich während der Arbeit heimlich eines von dir machen und es einkleben:

Seit wann bist du in dieser Firma:

:Was hast du davor gemacht?

Seit wann kennen wir uns:

:Wie haben wir uns kennengelernt?

Wie war dein erster Eindruck von mir:

:Was machst du gerne im Privatleben

Lieblings-

Wochentag: _____

Reiseziel: _____

Musik o. Buch: _____

Pausenvertreib: _____

Was sagt dir an deinem Job am besten zu:

◎

Ich bevorzuge:

(bitte Zutreffendes markieren)

Mehr Geld   **Mehr Freizeit**

Treppe   Fahrstuhl

Früh aufstehen und früh Feierabend

vs.

Länger schlafen und länger arbeiten

Arbeit im   Arbeiten in

sitzen   Bewegung

:verrate mir ein Geheimnis

Was gibst du mir mit auf den weiten Weg des Berufslebens:

Dein Name ist: :heutiges Datum

:UNSER AKTUELLER ARBEITGEBER

Wann ist dein Geburtstag:

:WAS TRINKST DU AM ARBEITSPLATZ

(VIELLEICHT DAS EIN ODER ANDERE ZU WENIG ODER ZU VIEL?)

○ **TEE** _____

○ **KAFFEE** _____

○ **WASSER** _____

○ **SONSTIGES** _____

Hast du... Kinder: ...Tiere:

:IN WELCHER ABTEILUNG ARBEITEST DU

Klebe hier ein Bild von dir oder von uns beiden ein. Hast du kein Bild, werde ich während der Arbeit heimlich eines von dir machen und es einkleben:

Seit wann bist du in dieser Firma:

:Was hast du davor gemacht?

Seit wann kennen wir uns:

:Wie haben wir uns kennengelernt?

Wie war dein erster Eindruck von mir:

:Was machst du gerne im Privatleben

Lieblings-

Wochentag: _____

Reiseziel: _____

Musik o. Buch: _____

Pausenvertreib: _____

Was sagt dir an deinem Job am besten zu:

◎

Ich bevorzuge:

(bitte Zutreffendes markieren)

Mehr Geld   **Mehr Freizeit**

Treppe   Fahrstuhl

Früh aufstehen und früh Feierabend

vs.

Länger schlafen und länger arbeiten

Arbeit im   Arbeiten in

sitzen   Bewegung

:verrate mir ein Geheimnis

Was gibst du mir mit auf den weiten Weg des Berufslebens:

Dein Name ist: :heutiges Datum

:Unser aktueller Arbeitgeber

Wann ist dein Geburtstag:

:Was trinkst du am Arbeitsplatz

(vielleicht das ein oder andere zu wenig oder zu viel.?)

◯ **Tee** _____

◯ **Kaffee** _____

◯ **Wasser** _____

◯ **Sonstiges** _____

Hast du... Kinder: ...Tiere:

:In welcher Abteilung arbeitest du

Klebe hier ein Bild von dir oder von uns beiden ein. Hast du kein Bild, werde ich während der Arbeit heimlich eines von dir machen und es einkleben:

Seit wann bist du in dieser Firma:

:Was hast du davor gemacht?

Seit wann kennen wir uns:

:Wie haben wir uns kennengelernt?

Wie war dein erster Eindruck von mir:

:Was machst du gerne im Privatleben

Lieblings-

Wochentag: _____

Reiseziel: _____

Musik o. Buch: _____

Pausenvertreib: _____

Was sagt dir an deinem Job am besten zu:

Ich bevorzuge:

(bitte Zutreffendes markieren)

Mehr Geld   Mehr Freizeit

Treppe   Fahrstuhl

Früh aufstehen und früh Feierabend

vs.

Länger schlafen und länger arbeiten

Arbeit im   Arbeiten in

sitzen   Bewegung

:verrate mir ein Geheimnis

Was gibst du mir mit auf den weiten Weg des Berufslebens:

Dein Name ist: :heutiges Datum

:UNSER AKTUELLER ARBEITGEBER

Wann ist dein Geburtstag:

:WAS TRINKST DU AM ARBEITSPLATZ

(VIELLEICHT DAS EIN ODER ANDERE ZU WENIG ODER ZU VIEL?)

◯ TEE _____

◯ KAFFEE _____

◯ WASSER _____

◯ SONSTIGES _____

Hast du... Kinder: ...Tiere:

:IN WELCHER ABTEILUNG ARBEITEST DU

Klebe hier ein Bild von dir oder von uns beiden ein. Hast du kein Bild, werde ich während der Arbeit heimlich eines von dir machen und es einkleben:

Seit wann bist du in dieser Firma:

:Was hast du davor gemacht?

Seit wann kennen wir uns:

:Wie haben wir uns kennengelernt?

Wie war dein erster Eindruck von mir:

:Was machst du gerne im Privatleben

Lieblings-

Wochentag: _____

Reiseziel: _____

Musik o. Buch: _____

Pausenvertreib: _____

Was sagt dir an deinem Job am besten zu:

:Ist dein Job auch dein Traumjob?

◎

Ich bevorzuge:

(bitte Zutreffendes markieren)

Mehr Geld   **Mehr Freizeit**

Treppe   Fahrstuhl

Früh aufstehen und früh Feierabend

vs.

Länger schlafen und länger arbeiten

Arbeit im   Arbeiten in

sitzen   Bewegung

:verrate mir ein Geheimnis

Was gibst du mir mit auf den weiten Weg des Berufslebens:

Dein Name ist: :heutiges Datum

:UNSER AKTUELLER ARBEITGEBER

Wann ist dein Geburtstag:

:WAS TRINKST DU AM ARBEITSPLATZ

(VIELLEICHT DAS EIN ODER ANDERE ZU WENIG ODER ZU VIEL?)

◯ **TEE**

◯ **KAFFEE**

◯ **WASSER**

◯ **SONSTIGES**

Hast du... Kinder: ...Tiere:

:IN WELCHER ABTEILUNG ARBEITEST DU

Klebe hier ein Bild von dir oder von uns beiden ein. Hast du kein Bild, werde ich während der Arbeit heimlich eines von dir machen und es einkleben:

Seit wann bist du in dieser Firma:

:Was hast du davor gemacht?

Seit wann kennen wir uns:

:Wie haben wir uns kennengelernt?

Wie war dein erster Eindruck von mir:

:Was machst du gerne im Privatleben

Lieblings-

Wochentag: _____

Reiseziel: _____

Musik o. Buch: _____

Pausenvertreib: _____

Was sagt dir an deinem Job am besten zu:

:Ist dein Job auch dein Traumjob?

Ich bevorzuge:

(bitte Zutreffendes markieren)

Mehr Geld   Mehr Freizeit

Treppe   Fahrstuhl

Früh aufstehen und früh Feierabend

vs.

Länger schlafen und länger arbeiten

Arbeit im   Arbeiten in

sitzen   Bewegung

:verrate mir ein Geheimnis

Was gibst du mir mit auf den weiten Weg des Berufslebens:

Dein Name ist: :heutiges Datum

:UNSER AKTUELLER ARBEITGEBER

Wann ist dein Geburtstag:

:WAS TRINKST DU AM ARBEITSPLATZ

(VIELLEICHT DAS EIN ODER ANDERE ZU WENIG ODER ZU VIEL?)

◯ **TEE**   _____

◯ **KAFFEE**   _____

◯ **WASSER**   _____

◯ **SONSTIGES**   _____

Hast du... Kinder: ...Tiere:

:IN WELCHER ABTEILUNG ARBEITEST DU

Klebe hier ein Bild von dir oder von uns beiden ein. Hast du kein Bild, werde ich während der Arbeit heimlich eines von dir machen und es einkleben:

Seit wann bist du in dieser Firma:

:Was hast du davor gemacht?

Seit wann kennen wir uns:

:Wie haben wir uns kennengelernt?

Wie war dein erster Eindruck von mir:

:Was machst du gerne im Privatleben

Lieblings-

Wochentag: _____

Reiseziel: _____

Musik o. Buch: _____

Pausenvertreib: _____

Was sagt dir an deinem Job am besten zu:

:Ist dein Job auch dein Traumjob?

◎

Ich bevorzuge:

(bitte Zutreffendes markieren)

Mehr Geld   **Mehr Freizeit**

Treppe   Fahrstuhl

Früh aufstehen und früh Feierabend

vs.

Länger schlafen und länger arbeiten

Arbeit im   Arbeiten in

sitzen   Bewegung

:verrate mir ein Geheimnis

Was gibst du mir mit auf den weiten Weg des Berufslebens:

Dein Name ist: :heutiges Datum

:UNSER AKTUELLER ARBEITGEBER

Wann ist dein Geburtstag:

:WAS TRINKST DU AM ARBEITSPLATZ

(VIELLEICHT DAS EIN ODER ANDERE ZU WENIG ODER ZU VIEL?)

◯ **TEE** _____

◯ **KAFFEE** _____

◯ **WASSER** _____

◯ **SONSTIGES** _____

Hast du... Kinder: ...Tiere:

:IN WELCHER ABTEILUNG ARBEITEST DU

Klebe hier ein Bild von dir oder von uns beiden ein. Hast du kein Bild, werde ich während der Arbeit heimlich eines von dir machen und es einkleben:

Seit wann bist du in dieser Firma:

:Was hast du davor gemacht?

Seit wann kennen wir uns:

:Wie haben wir uns kennengelernt?

Wie war dein erster Eindruck von mir:

:Was machst du gerne im Privatleben

Lieblings-

Wochentag: _____

Reiseziel: _____

Musik o. Buch: _____

Pausenvertreib: _____

Was sagt dir an deinem Job am besten zu:

:Ist dein Job auch dein Traumjob?

○

Ich bevorzuge:

(bitte Zutreffendes markieren)

Mehr Geld   **Mehr Freizeit**

Treppe   Fahrstuhl

Früh aufstehen und früh Feierabend

vs.

Länger schlafen und länger arbeiten

Arbeit im   Arbeiten in

sitzen   Bewegung

:verrate mir ein Geheimnis

Was gibst du mir mit auf den weiten Weg des Berufslebens:

Dein Name ist: :heutiges Datum

:Unser aktueller Arbeitgeber

Wann ist dein Geburtstag:

:Was trinkst du am Arbeitsplatz

(VIELLEICHT DAS EIN ODER ANDERE ZU WENIG ODER ZU VIEL?)

( ) **TEE** _____

( ) **KAFFEE** _____

( ) **WASSER** _____

( ) **SONSTIGES** _____

Hast du... Kinder: (...Tiere:
                                (
                                (
                                (
                                (

:In welcher Abteilung arbeitest du

Klebe hier ein Bild von dir oder von uns beiden ein. Hast du kein Bild, werde ich während der Arbeit heimlich eines von dir machen und es einkleben:

Seit wann bist du in dieser Firma:

:Was hast du davor gemacht?

Seit wann kennen wir uns:

:Wie haben wir uns kennengelernt?

Wie war dein erster Eindruck von mir:

:Was machst du gerne im Privatleben

Lieblings-

Wochentag: _____

Reiseziel: _____

Musik o. Buch: _____

Pausenvertreib: _____

Was sagt dir an deinem Job am besten zu:

Ich bevorzuge:

(bitte Zutreffendes markieren)

Mehr Geld   **Mehr Freizeit**

Treppe   Fahrstuhl

Früh aufstehen und früh Feierabend

vs.

Länger schlafen und länger arbeiten

Arbeit im   Arbeiten in

sitzen   Bewegung

:verrate mir ein Geheimnis

Was gibst du mir mit auf den weiten Weg des Berufslebens:

Dein Name ist:

:heutiges Datum

:Unser aktueller Arbeitgeber

Wann ist dein Geburtstag:

:Was trinkst du am Arbeitsplatz

(Vielleicht das ein oder andere zu wenig oder zu viel.?)

◯ **Tee** _____

◯ **Kaffee** _____

◯ **Wasser** _____

◯ **Sonstiges** _____

Hast du... Kinder: ...Tiere:

:In welcher Abteilung arbeitest du

Klebe hier ein Bild von dir oder von uns beiden ein. Hast du kein Bild, werde ich während der Arbeit heimlich eines von dir machen und es einkleben:

Seit wann bist du in dieser Firma:

:Was hast du davor gemacht?

Seit wann kennen wir uns:

:Wie haben wir uns kennengelernt?

Wie war dein erster Eindruck von mir:

:Was machst du gerne im Privatleben

Lieblings-

Wochentag: _____

Reiseziel: _____

Musik o. Buch: _____

Pausenvertreib: _____

Was sagt dir an deinem Job am besten zu:

Ich bevorzuge:

(bitte Zutreffendes markieren)

Mehr Geld   **Mehr Freizeit**

Treppe   Fahrstuhl

Früh aufstehen und früh Feierabend

vs.

Länger schlafen und länger arbeiten

Arbeit im   Arbeiten in

sitzen   Bewegung

:verrate mir ein Geheimnis

Was gibst du mir mit auf den weiten Weg des Berufslebens:

Dein Name ist: :heutiges Datum

:UNSER AKTUELLER ARBEITGEBER

Wann ist dein Geburtstag:

:WAS TRINKST DU AM ARBEITSPLATZ

(VIELLEICHT DAS EIN ODER ANDERE ZU WENIG ODER ZU VIEL?)

◯ **TEE**

◯ **KAFFEE**

◯ **WASSER**

◯ **SONSTIGES**

Hast du... Kinder: ...Tiere:

:IN WELCHER ABTEILUNG ARBEITEST DU

Klebe hier ein Bild von dir oder von uns beiden ein. Hast du kein Bild, werde ich während der Arbeit heimlich eines von dir machen und es einkleben:

Seit wann bist du in dieser Firma:

:Was hast du davor gemacht?

Seit wann kennen wir uns:

:Wie haben wir uns kennengelernt?

Wie war dein erster Eindruck von mir:

:Was machst du gerne im Privatleben

Lieblings-

Wochentag: _____

Reiseziel: _____

Musik o. Buch: _____

Pausenvertreib: _____

Was sagt dir an deinem Job am besten zu:

Ich bevorzuge:

(bitte Zutreffendes markieren)

Mehr Geld   **Mehr Freizeit**

Treppe   Fahrstuhl

Früh aufstehen und früh Feierabend

vs.

Länger schlafen und länger arbeiten

Arbeit im   Arbeiten in

sitzen   Bewegung

:verrate mir ein Geheimnis

Was gibst du mir mit auf den weiten Weg des Berufslebens:

Dein Name ist: :heutiges Datum

:Unser aktueller Arbeitgeber

Wann ist dein Geburtstag:

:Was trinkst du am Arbeitsplatz

(Vielleicht das ein oder andere zu wenig oder zu viel?)

( ) **Tee** _____

( ) **Kaffee** _____

( ) **Wasser** _____

( ) **Sonstiges** _____

Hast du... Kinder: ...Tiere:

:In welcher Abteilung arbeitest du

Klebe hier ein Bild von dir oder von uns beiden ein. Hast du kein Bild, werde ich während der Arbeit heimlich eines von dir machen und es einkleben:

Seit wann bist du in dieser Firma:

:Was hast du davor gemacht?

Seit wann kennen wir uns:

:Wie haben wir uns kennengelernt?

Wie war dein erster Eindruck von mir:

:Was machst du gerne im Privatleben

Lieblings-

Wochentag: _____

Reiseziel: _____

Musik o. Buch: _____

Pausenvertreib: _____

Was sagt dir an deinem Job am besten zu:

:Ist dein Job auch dein Traumjob?

Ich bevorzuge:

(bitte Zutreffendes markieren)

Mehr Geld   Mehr Freizeit

Treppe   Fahrstuhl

Früh aufstehen und früh Feierabend

vs.

Länger schlafen und länger arbeiten

Arbeit im   Arbeiten in

sitzen   Bewegung

:verrate mir ein Geheimnis

Was gibst du mir mit auf den weiten Weg des Berufslebens:

Dein Name ist: :heutiges Datum

:Unser aktueller Arbeitgeber

Wann ist dein Geburtstag:

:Was trinkst du am Arbeitsplatz

(VIELLEICHT DAS EIN ODER ANDERE ZU WENIG ODER ZU VIEL?)

( ) **TEE** _____

( ) **KAFFEE** _____

( ) **WASSER** _____

( ) **SONSTIGES** _____

Hast du... Kinder: (...Tiere:
                                (
                                (
                                (
                                (

:In welcher Abteilung arbeitest du

Klebe hier ein Bild von dir oder von uns beiden ein. Hast du kein Bild, werde ich während der Arbeit heimlich eines von dir machen und es einkleben:

Seit wann bist du in dieser Firma:

:Was hast du davor gemacht?

Seit wann kennen wir uns:

:Wie haben wir uns kennengelernt?

Wie war dein erster Eindruck von mir:

:Was machst du gerne im Privatleben

Lieblings-

Wochentag: _____

Reiseziel: _____

Musik o. Buch: _____

Pausenvertreib: _____

Was sagt dir an deinem Job am besten zu:

◎

Ich bevorzuge:

(bitte Zutreffendes markieren)

Mehr Geld   Mehr Freizeit

Treppe   Fahrstuhl

Früh aufstehen und früh Feierabend

vs.

Länger schlafen und länger arbeiten

Arbeit im   Arbeiten in

sitzen   Bewegung

:verrate mir ein Geheimnis

Was gibst du mir mit auf den weiten Weg des Berufslebens:

Dein Name ist: :heutiges Datum

:UNSER AKTUELLER ARBEITGEBER

Wann ist dein Geburtstag:

:WAS TRINKST DU AM ARBEITSPLATZ

(VIELLEICHT DAS EIN ODER ANDERE ZU WENIG ODER ZU VIEL?)

○ **TEE** _____

○ **KAFFEE** _____

○ **WASSER** _____

○ **SONSTIGES** _____

Hast du... Kinder: ...Tiere:

:IN WELCHER ABTEILUNG ARBEITEST DU

Klebe hier ein Bild von dir oder von uns beiden ein. Hast du kein Bild, werde ich während der Arbeit heimlich eines von dir machen und es einkleben:

Seit wann bist du in dieser Firma:

:Was hast du davor gemacht?

Seit wann kennen wir uns:

:Wie haben wir uns kennengelernt?

Wie war dein erster Eindruck von mir:

:Was machst du gerne im Privatleben

Lieblings-

Wochentag: _____

Reiseziel: _____

Musik o. Buch: _____

Pausenvertreib: _____

Was sagt dir an deinem Job am besten zu:

◎

Ich bevorzuge:

(bitte Zutreffendes markieren)

Mehr Geld   **Mehr Freizeit**

Treppe   Fahrstuhl

Früh aufstehen und früh Feierabend

vs.

Länger schlafen und länger arbeiten

Arbeit im   Arbeiten in

sitzen   Bewegung

:verrate mir ein Geheimnis

Was gibst du mir mit auf den weiten Weg des Berufslebens:

Dein Name ist: :heutiges Datum

:UNSER AKTUELLER ARBEITGEBER

Wann ist dein Geburtstag:

:WAS TRINKST DU AM ARBEITSPLATZ

(VIELLEICHT DAS EIN ODER ANDERE ZU WENIG ODER ZU VIEL?)

◯ **TEE**

◯ **KAFFEE**

◯ **WASSER**

◯ **SONSTIGES**

Hast du... Kinder: ...Tiere:

:IN WELCHER ABTEILUNG ARBEITEST DU

Klebe hier ein Bild von dir oder von uns beiden ein. Hast du kein Bild, werde ich während der Arbeit heimlich eines von dir machen und es einkleben:

Seit wann bist du in dieser Firma:

:Was hast du davor gemacht?

Seit wann kennen wir uns:

:Wie haben wir uns kennengelernt?

Wie war dein erster Eindruck von mir:

:Was machst du gerne im Privatleben

Lieblings-

Wochentag: _____

Reiseziel: _____

Musik o. Buch: _____

Pausenvertreib: _____

Was sagt dir an deinem Job am besten zu:

◎

Ich bevorzuge:

(bitte Zutreffendes markieren)

Mehr Geld   Mehr Freizeit

Treppe   Fahrstuhl

Früh aufstehen und früh Feierabend

vs.

Länger schlafen und länger arbeiten

Arbeit im   Arbeiten in

sitzen   Bewegung

:verrate mir ein Geheimnis

Was gibst du mir mit auf den weiten Weg des Berufslebens:

Dein Name ist: :heutiges Datum

:UNSER AKTUELLER ARBEITGEBER

Wann ist dein Geburtstag:

:WAS TRINKST DU AM ARBEITSPLATZ

(VIELLEICHT DAS EIN ODER ANDERE ZU WENIG ODER ZU VIEL?)

◯ **TEE** _____

◯ **KAFFEE** _____

◯ **WASSER** _____

◯ **SONSTIGES** _____

Hast du... Kinder: (...Tiere:
                            (
                            (
                            (
                            (

:IN WELCHER ABTEILUNG ARBEITEST DU

Klebe hier ein Bild von dir oder von uns beiden ein. Hast du kein Bild, werde ich während der Arbeit heimlich eines von dir machen und es einkleben:

Seit wann bist du in dieser Firma:

:Was hast du davor gemacht?

Seit wann kennen wir uns:

:Wie haben wir uns kennengelernt?

Wie war dein erster Eindruck von mir:

:Was machst du gerne im Privatleben

Lieblings-

Wochentag: _____

Reiseziel: _____

Musik o. Buch: _____

Pausenvertreib: _____

Was sagt dir an deinem Job am besten zu:

◎

Ich bevorzuge:

(bitte Zutreffendes markieren)

Mehr Geld   **Mehr Freizeit**

Treppe   Fahrstuhl

Früh aufstehen und früh Feierabend

vs.

Länger schlafen und länger arbeiten

Arbeit im   Arbeiten in

sitzen   Bewegung

:verrate mir ein Geheimnis

Was gibst du mir mit auf den weiten Weg des Berufslebens:

Weitere Bücher des Verlages:

<u>Das Partyspielebuch – Johanna Miller</u>

Viele tolle Partyspiele für verschiedene Anlässe,
wie zum Beispiel:

Hochzeitsspiele, Geburtstagsspiele,
Familienfestspiele, Trinkspiele, Babyshower...

Mit Liste der benötigten Sachen für jedes Spiel.

Paperback, 100 Seiten, ISBN-13: 978-3-7412-8987-3

<u>101 Dinge die du getan haben solltest, bevor du
den Löffel abgibst</u> – Danita Molina

Dieses Buch soll dir eine Anregung geben,
welche 101 Dinge du mal getan haben solltest,
bevor du den Löffel abgibst.
Achtung! Das ist kein buntes Buch mit Bildern.
Es werden von euch Mitarbeit und Kreativität
gefordert. Ihr bekommt Vorgaben und ihr macht
aus diesem Buch eurer eigenes, einzigartiges
Werk! Das bedeutet für dieses Buch:
Auf der linken Seite steht die Aufgabe, die ihr
erfüllen sollt, und auf der rechten Seite habt ihr
Platz für einen Bericht, ein Beweisfoto, oder,
oder, oder.

Paperback, 208 Seiten, ISBN-13: 978-3-7431-9052-8

Herstellung und Verlag:
BoD – Books on Demand, Norderstedt
ISBN 978-3-7448-5599-0

Johanna-miller.jimdo.com / Facebook: Johanna Miller

Für Druck- und Herstellungsqualität ist der Verlag verantwortlich